ALPHABET

DES

ANIMAUX

ALPHABET
DES
ANIMAUX

PAR

Mme DOUDET

ILLUSTRÉ DE QUATRE-VINGT-DIX VIGNETTES

PARIS
THÉODORE LEFEVRE, ÉDITEUR
RUE DES POITEVINS, 2

PARIS. — IMP. SIMON RAÇON ET COMP., RUE D'ERFURTH, 1.

LETTRES MAJUSCULES

A B C
D E F
G H I
J K L

M N O

P Q R

S T U

V X Y Z

LETTRES MINUSCULES

a b c d e f
g h i j k l
m n o p q r
s t u v x y z

LETTRES ITALIQUES

a b c d e f g h
i j k l m n o p
q r s t u v x y z

LETTRES ANGLAISES MAJUSCULES ET MINUSCULES

A B C D E F

a b c d e f

G H I J K L

g h i j k l

M N O P Q R

m n o p q r

S T U V W X

s t u v w x

Y y Z z

Il y a deux es-pè-ces de let-tres, les vo-yel-les et les con-sonnes.

Les vo-yel-les sont :

a e i o u

On les ap-pel-le vo-yel-les par-ce-qu'el-les re-pré-sen-tent un son. Tou-tes les au-tres let-tres de l'al-pha-bet sont des con-son-nes. A-vec u-ne con-son-ne seu-le on ne peut for-mer un son.

SYLLABES

le				si
la				la
vu				du
ni				te
de				et
sa	or	UN	nu	vu
en	ta	la	mi	il
se	tu	ri	do	on
ce	eu	bu	re	ou
me	ne	je	ra	fa
ma	su	de	au	in

ASSEMBLAGE DE DEUX SYLLABES

pa - pa		bo - bo
lo - to		po - li
jo - li		pa - té
tu - be		lu - ne
li - me		ju - ge
du - re		rô - ti
pu - ce		fê - te
ro - se		pi - pe
râ - pe		ra - de
ki - lo		tê - tu
ca - fé		ca - ge

MOTS D'UNE SYLLABE

arc	ail	art	air
bal	cri	cru	col
dur	feu	eau	dos
fer	tir	bon	gai
pas			nul
vol			riz
oui			feu
fou			bas
nez			ton
nul	jeu		non
sol	tas	but	sot

MOTS DE DEUX SYLLABES

 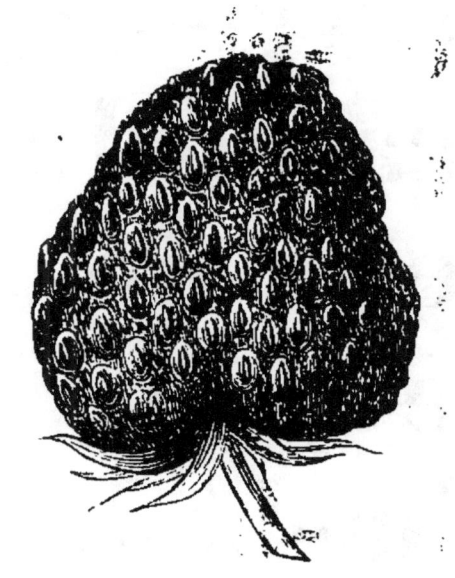

gâ-teau   frai-se
ma-çon   su-cre
la-pin   bal-lon
jou-jou   mai-son
lan-gue   chè-vre
che-val   mou-ton

MOTS DE TROIS SYLLABES

ce-ri-se   sa-la-de
ra-pi-de   gi-ra-fe
é-pi-ne   ca-ba-ne
é-tu-de   ca-ra-fe
ha-bi-le   fi-dè-le
na-vi-re   pi-lu-le

châ-let

PETITES PHRASES

Lè-ve toi vi-te.
Fais ta pri-è-re.
Viens dé-jeu-ner.
Ne va pas si vi-te
tu te brû-le-rais.
Viens près de moi.
Prends ton li-vre.
Voi-ci ta le-çon.
Fais at-ten-tion,
si tu es gen-til
tu i-ras jou-er.

Si tu ne l'es pas tu res-te-ras i-ci en pé-ni-ten-ce. Le me-lon est bon, mais il ne faut pas en man-ger beau-coup, car il fait du mal.

SIGNES D'ACCENTUATION

Il y a trois sortes d'accents :

Accent aigu ´,
Accent grave `,
Accent circonflexe ^,

L'accent aigu (´) se met sur les *e* fermés : Été, répété, vérité, lavé, éléphant.

L'accent grave (`) se met sur les *e* ouverts : Père, mère.

L'accent circonflexe (^) se met sur les voyelles longues : Pâte, tête, même, gîte, hôte, âne, bêche.

CHIFFRES ROMAINS

I	II	III	IV	V
Un.	Deux.	Trois.	Quatre.	Cinq.

VI	VII	VIII	IX	X
Six.	Sept.	Huit.	Neuf.	Dix.

L	C	D	M
Cinquante.	Cent.	Cinq cents.	Mille.

CHIFFRES ARABES

1 2 3 4 5 6 7 8 9 0

Quinze.........	15	XV
Trente-trois....	33	XXXIII
Cent dix-sept....	117	CXVII
Cinq cent six...	506	DVI
Mille vingt-trois..	1,023	MXXIII

LES ANIMAUX

On a divisé les animaux en différentes classes, selon leur forme et leur manière d'exister.

On en compte cinq : les Quadrupèdes, les Oiseaux, les Poissons, les Reptiles et les Insectes.

On appelle *Quadrupèdes* les animaux qui ont quatre pieds,

comme le Chien, le Cheval.

Tous les quadrupèdes sont d'abord nourris par le lait de leur mère, et se nourrissent ensuite, les uns d'herbes, les autres de chair.

Les *Oiseaux* ont des plumes

et des ailes, et ont la faculté de voler; ils naissent d'un œuf que la femelle a pondu dans un nid, et qu'elle fait éclore ensuite en le couvant.

La plupart des oiseaux se nourrissent de graines et d'insectes.

Les *Poissons* vivent dans l'eau, dans laquelle ils se meu-

vent avec l'aide de leurs nageoires; ils ne font pas de nids pour leurs petits. La mère, tout en nageant, laisse tomber ses œufs, que le soleil du prin-

-temps fait éclore en réchauffant les eaux.

Les *Reptiles* sont des animaux qui, n'ayant pas de pattes, rampent sur terre, en repliant et en allongeant leur corps, qui est rond, long et très-souple.

La morsure des serpents est

très-souvent dangereuse. Les plus redoutables sont : le Serpent Boa, le Serpent à sonnettes et le Python. Les serpents pondent des œufs qu'ils laissent éclore au soleil.

Les *Insectes* sont de petits animaux dont il existe une grande variété : tels que les

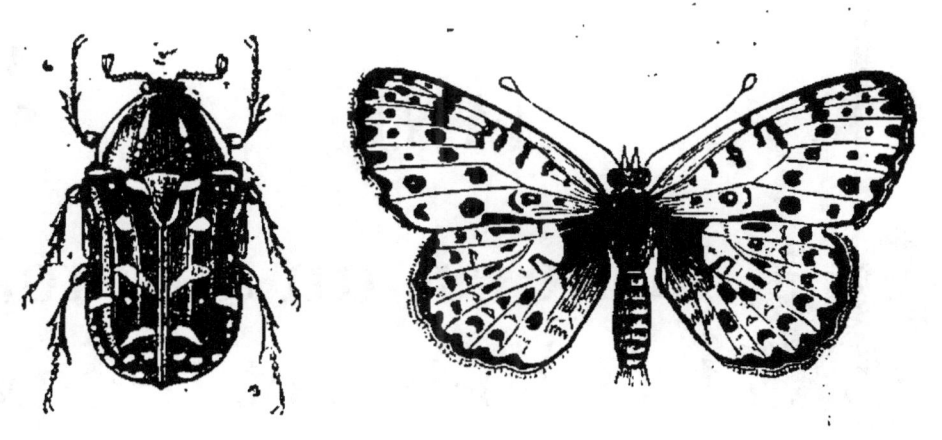

Hannetons, les Mouches, les Araignées, etc., etc. On en rencontre partout : dans l'air, sur la terre et dans l'eau.

A ANE a

L'A-ne est un a-ni-mal très so-bre et très pa-tient, il souf-fre avec con-stan-ce les coups et les châ-ti-ments. Il s'at-ta-che beau-coup à son maî-tre et est bien u-ti-le à la cam-pa-gne car il est très-fort et ne coû-te guè-re à nour-rir, il est si ca-pri-cieux et si tê-tu qu'on le tu-e-rait plu-tôt que de lui fai-re fai-re ce qu'il ne veut pas; de là le pro-ver-be *Té-tu com-me un â-ne*, qui mal-heu-reu-se-ment s'ap-pli-que sou-vent à cer-tains pe-tits gar-çons.

B   BOEUF   b

C'est un des a-ni-maux les plus u-ti-les à l'hom-me; pen-dant sa vie, on l'em-ploie aux tra-vaux des champs, pour la-bou-rer ou pour traî-ner des voi-tu-res. A-près sa mort, sa vian-de de-vient une très bon-ne nour-ri-ture et tout dans sa dé-pouil-le est u-ti-li-sé, on fait des pei-gnes de ses cor-nes, et sa peau tra-vail-lée sert à fai-re des chaus-su-res, sa grais-se don-ne du suif, de la pom-ma-de et de l'huile.

C CHIEN c

Cet ex-cel-lent animal sem-ble a-voir é-té don-né à l'homme par le Cré-a-teur pour ser-vir d'a-mi au pau-vre qui n'en a guè-re, de dé-fen-seur dans le dan-ger et de gar-dien fi-dè-le; car il met au ser-vi-ce de son maî-tre tout ce qu'il pos-sè-de de cou-ra-ge et d'ab-né-ga-tion. C'est le seul a-ni-mal qui re-cher-che, de lui-mê-me, la so-cié-té de l'hom-me, le seul qui, maltraité injus-te-ment, re-vient vers lui sans ran-cu-ne.

D DROMADAIRE d

Il se dis-tin-gue du cha-meau en ce qu'il n'a qu'u-ne bos-se au lieu de deux. Son es-to-mac est gar-ni de po-ches où il con-ser-ve l'eau qu'il a bu. et il peut la fai-re re-mon-ter à sa bou-che pour se dé-sal-té-rer. Ces a-ni-maux s'ap-pel-lent ru-mi-nants. c'est-à-di-re qu'ils peu-vent fai-re re-mon-ter dans leur bou-che pour la mâ-cher de nou-veau la nour-ri-tu-re qu'ils ont dé-jà a-va-lée.

E   ÉLÉPHANT   e

Si l'é-lé-phant est re-con-nais-sant pour les bons trai-te-ments il se venge tou-jours du mal qu'on lui fait. On ra-con-te qu'un jour, au Jar-din des plan-tes, un pe-tit gar-çon s'a-vi-sa de pi-quer sa trom-pe a-vec une é-pin-gle. L'é-lé-phant bles-sé de cet-te mé-chan-ce-té, se re-ti-ra à l'é-cart, puis re-vint et cou-vrit l'en-fant mé-chant d'un dé-lu-ge d'eau qu'il avait as-pi-rée avec sa trom-pe dans un bassin.

F   FURET   f

On se sert du fu-ret pour la chas-se au la-pin, dont il est l'en-nemi mor-tel. Lors-qu'on en pré-sen-te un, mê-me mort, à un

***

jeu-ne fu-ret qui n'en a ja-mais vu, il se jet-te des-sus et le mord a-vec fu-reur; s'il est vi-vant, il le prend par le cou et par le nez et lui su-ce le sang. On é-lè-ve le fu-ret dans des ton-neaux et on le nour-rit de son, de pain et de lait.

G GUERBOISE g

Son ca-rac-tè-re dis-tinc-tif est la lon-gueur dé-me-su-rée de ses pat-tes de der-riè-re, com-pa-rées à cel-les de de-vant, qui sont tel-le-ment pe-ti-tes que le plus sou-vent el-les dis-pa-rais-sent dans les poils de sa poi-tri-ne.

Les guer-boi-ses ne mar-chent pres-que ja-mais, el-les sau-tent et font de grands sauts en tom-bant tou-jours de-bout com-me les oi-seaux; el-les ne dor-ment que le jour et ja-mais la nuit.

H h

HYÈNE

Elle a quel-que rap-port avec le loup par son na-tu-rel car-nas-sier et la for-me de sa tête; com-me lui, el-le vit de proie, mais el-le est plus for-te et plus har-die. Cet ani-mal sau-va-ge de-meu-re dans les ca-ver-nes des mon-ta-gnes, ou dans les ta-niè-res qu'il se creu-se sous ter-re; il est d'un na-tu-rel fé-ro-ce, mais on l'a ex-a-gé-ré beau-coup; son re-gard en des-sous et sa vi-lai-ne mine ont con-tri-bué à lui don-ner cet-te ré-pu-ta-tion.

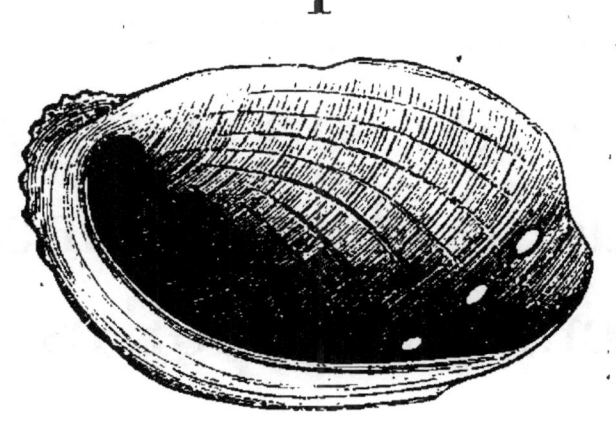

I   ISATIS   i

Il res-sem-ble beau-coup au re-nard par la for-me de son corps et la longueur de sa queue; la cou-leur de son poil est d'un bleu cen-dré. L'i-sa-tis est car-nas-sier et dé-vo-re les poules, les rats et les liè-vres; il se jet-te mê-me à l'eau pour al-ler pren-dre les nids des ca-nards et des oies dont il mange les œufs.

Sa four-ru-re est as-sez es-timée, et l'on en fait en Rus-sie un grand com-mer-ce.

J　JAGUAR　j

A-près le lion et le ti-gre, il est le plus grand des a-ni-maux de son gen-re. Son pe-la-ge est par-se-mé de ta-ches noi-res com-me ce-lui de la pan-thè-re,

***

dont il a les mœurs et la fé-ro-ci-té.

Mal-gré sa grande-tail-le il est fort a-gi-le et grim-pe aux ar-bres a-vec as-sez de vi-va-ci-té pour y at-tra-per les singes. Sou-vent il guet-te sa proie et s'é-lan-ce sur el-le pour la dé-vo-rer. La four-ru-re du Ja-gu-ar est très-bel-le et fort es-ti-mée.

K   KOALA   k

Cet animal, assez peu connu, passe une partie de sa vie dans les forêts et sur les arbres pour chasser les insectes, et l'autre partie à dormir dans le terrier qu'il se creuse sous terre.

La femelle n'a qu'un petit qu'elle aime avec beaucoup de tendresse. Après l'avoir élevé comme la sarigue, dans une poche qu'elle a sous le ventre, elle continue encore à le porter pendant longtemps sur son dos, et à en avoir le plus grand soin.

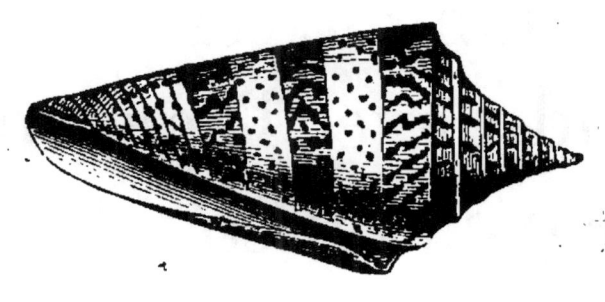

LIONNE

Le lion est le plus noble, le plus fort et le plus terrible des animaux; une longue crinière, qui grandit avec l'âge, ombrage sa tête et son cou. La lionne est naturellement moins forte et moins courageuse que le lion; mais elle devient terrible, dès qu'elle a des petits; elle se jette sur les hommes et sur les animaux qu'elle rencontre, et les met en pièces; elle emporte ensuite sa proie pour la partager avec ses lionceaux.

M   MOUFLON   m

Tous les moutons sauvages ont reçu le nom de mouflon, et cet animal est regardé comme le type

de nos moutons domestiques ; il se trouve en Corse, en Sardaigne et sur presque toutes les montagnes élevées du midi de l'Europe. C'est près de leur sommet, dans les lieux les plus arides et les plus inaccessibles, qu'il se plaît davantage. Sa force est très-grande et sa course très-rapide.

N NYLGAU n

Tenant du taureau par les cornes et la queue, le nylgau ressemble au cerf par le cou et la tête. Sur ses épaules s'élève une espèce de bosse surmontée d'une petite crinière. Le nylgau est un animal doux et qui paraît aimer qu'on se familiarise avec lui. Il n'est point agile comme le cerf mais court au contraire de mauvaise grâce.

O OURS O

Remarquable par sa grande taille, l'ours à des membres épais, des formes trapues et des yeux petits mais très-vifs.

L'ours est naturellement

sauvage et solitaire. Il fuit les lieux où les hommes ont accès et ne se trouve à son aise que dans les endroits inabordables. Il y vit seul et passe dans sa tanière une partie de l'hiver, presque sans provisions, dans une sorte de léthargie.

P PECARI P

Cet animal se trouve surtout dans les climats chauds de l'Amérique; il ressemble beaucoup au cochon; cependant il est moins gros et plus bas sur jambes : il n'a point de queue, et ses soies sont plus rudes que celles du sanglier. Le pecari se nourrit à peu près comme le cochon, mais sa chair, qui exhale presque toujours une très-mauvaise odeur, est à peu près immangeable.

Q QUINCAJOU q

Bien que de la famille des singes, cet animal a quelque ressemblance avec le chat : il a la queue longue et la relève sur son dos : il a des griffes et grimpe sur les arbres, où il se couche pour attendre sa proie et se jeter dessus. Son attitude est d'être assis sur ses pattes de derrière, le corps droit, avec un fruit dans les pattes de devant et la queue roulée.

R RHINOCÉROS r

Après l'éléphant, le rhinocéros est le plus puissant des quadrupèdes. Il porte sur le nez une corne très-dure au moyen de laquelle il transperce les

★★★★

autres animaux. Sa peau est une véritable cuirasse inaccessible aux balles des chasseurs. Le rhinocéros est naturellement d'un caractère doux et paisible; mais quand on l'attaque il devient fort dangereux. Il vit solitaire, et fréquente les endroits aquatiques.

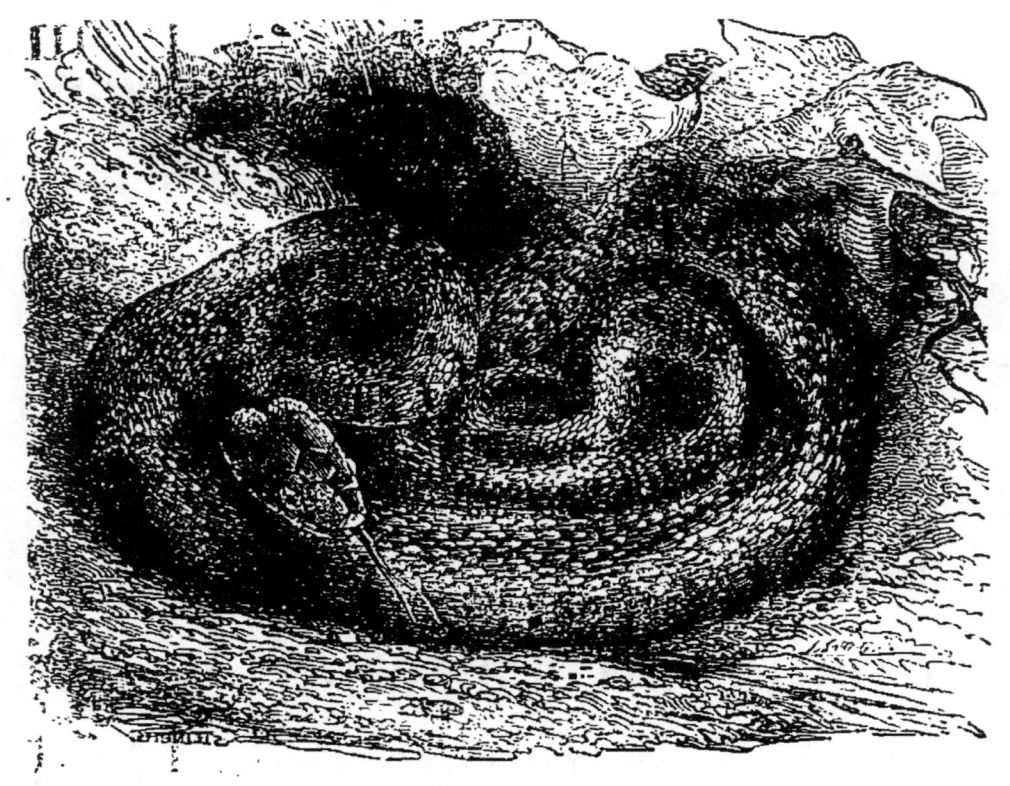

SERPENT

Il y a un grand nombre d'espèces de serpents; celles de nos contrées sont la couleuvre et la vipère; dans les pays chauds, il y a de grands serpents très-dangereux, tels que le boa et le serpent à sonnettes. Ce dernier a la queue terminée par un certain nombre d'écailles, qui produisent, lorsqu'il est en mouvement, le bruit d'une petite sonnette. Le venin de sa morsure est si violent, qu'il suffit pour faire mourir un homme en quelques heures.

TIGRE

Tous les mouvements du tigre sont vifs et agiles; sa peau est marquée de larges bandes noires sur un fond fauve. Plus sanguinaire que le lion, sa force

★★★★

et sa férocité le rendent la terreur des contrées qu'il habite; il tue pour le plaisir de verser le sang; mais il met plus de ruse pour s'approcher de sa proie. On fait quelquefois la chasse au tigre en le poursuivant avec des éléphants.

U UNAU u

On donne encore à cet animal le nom de *paresseux*. Il ne se tient pas sur les jambes, comme les singes, mais il se suspend en dessous par les quatre pattes et, qu'il mange ou qu'il dorme, il ne quitte pas cette position, qui est pour lui celle du repos. L'unau vit au fond des forêts : il est doux et paraît peu intelligent; solitaire sur l'arbre qui le nourrit, il y passe une partie de sa vie.

VACHE

Parmi les quadrupèdes ruminants, la vache se distingue par son corps trapu et ses membres courts et robustes. On ne fera jamais assez d'éloges de cet animal domestique qui, ainsi que le bœuf, est un bien qui se renouvelle à chaque instant. Son lait est un excellent aliment; on s'en sert pour faire le beurre et le fromage; sa chair, moins bonne que celle du bœuf, est encore d'une grande ressource pour les gens de la campagne, et enfin sa peau sert à faire des chaussures.

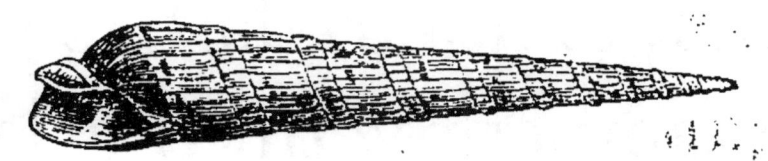

Z   ZÈBRE   Z

Entre le cheval et l'âne, le zèbre tient en quelque sorte le milieu; il est peut-être, de tous les animaux, le mieux fait, le plus élégamment vêtu. Il a la figure et les grâces du cheval, la légèreté du cerf, et la robe rayée de rubans noirs et blancs, si bien disposés, qu'il semble que la nature ait employé la règle et le compas pour le peindre. Cet animal se trouve dans l'Afrique méridionale; son caractère est tellement opiniâtre qu'il n'a pu encore être apprivoisé.

www.ingramcontent.com/pod-product-compliance
Lightning Source LLC
LaVergne TN
LVHW052059090426
835512LV00036B/2355